FINGER FOOD VEGGIE

Jessica Oldfield

Fotografie di Beatriz da Costa

L'ippocampo

TAGLIERE

COLTELLO AFFILATO

UNA CAPACE PADELLA DAL FONDO PESANTE

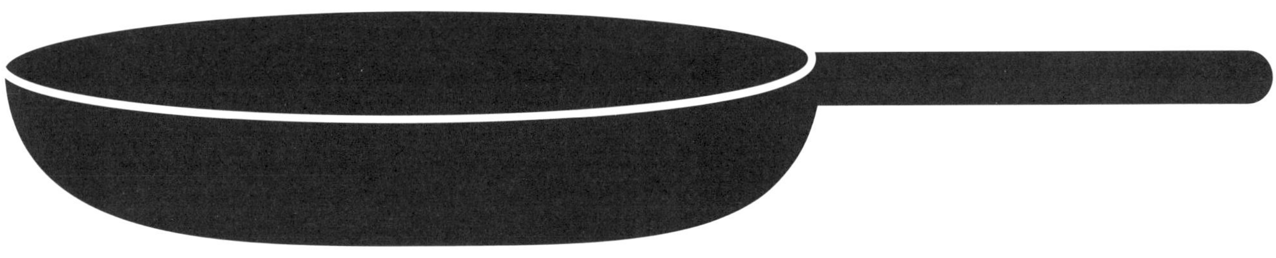

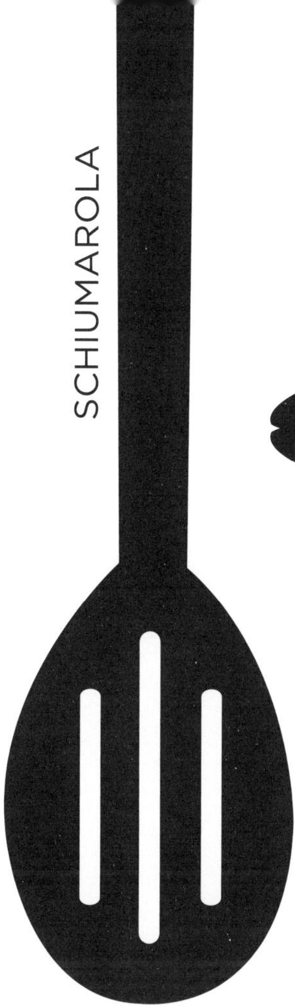

PER QUESTO LIBRO
NON SERVE ALTRO

SOMMARIO

INTRODUZIONE

L'arte di stare in compagnia si coltiva con poco: trovarsi fra buoni amici gustando del buon cibo. Le ricette di questo libro sposano proprio questa filosofia di riunirsi in modo spontaneo, per occasioni estemporanee o formali. Sono ricette semplici, veloci e gustose. Un assortimento di snack, antipasti ed eleganti stuzzichini da consumare in piedi o con cui imbandire una tavola multicolore, tutti all'insegna dell'etnico: l'intenso colore delle barbabietole alla Wellington in crosta ripiene di feta agli agrumi e aromi e servite con pesto di semi di canapa, i croccanti ravioli ripieni di paneer e irrorati di olio ai peperoncini verdi, il gusto acidulo delle ciotoline di hummus con curcuma e lime.

Cucinare piatti memorabili da gustare in compagnia non è necessariamente stressante o complicato. Il segreto sta nell'usare ingredienti di qualità e nel sapersi organizzare. Le prossime pagine contengono un'utile lista degli utensili da cucina e degli ingredienti che non devono mancare nella dispensa per le occasioni. Se sognate da sempre di dare una festa, qui troverete dei pratici consigli per far andare tutto liscio come l'olio.

Anzitutto, pianificate il menu. In base al numero di adesioni, calcolate le quantità di cibo occorrenti. Magari dovrete raddoppiare o triplicare gli ingredienti delle ricette, in modo che ce ne sia abbastanza per tutti. Potete usare tutte le ricette del libro che volete, a condizione che il menu sia equilibrato e pratico, anche in base al tempo di cui disponete per la preparazione.

Il passo successivo è scrivere la lista della spesa. Inserite tutti gli ingredienti in un'unica lista. Se non dovesse risultarvi pratico fare tutta la spesa in una volta, comprate per primi i prodotti non deperibili, lasciando l'acquisto degli ingredienti freschi al giorno prima dell'evento. Un utile accorgimento sono le "prep list". Passate in rassegna le ricette e suddividete i preparativi in base al momento in cui eseguirli: le cose da fare il giorno prima, il giorno dell'evento, un'ora prima di servire, e così via. Se c'è da mettere degli ingredienti a marinare, ad esempio, è sempre meglio farlo con un giorno di anticipo, per ottenere un sapore più intenso.

Prima di mettervi al lavoro, controllate di avere a portata di mano tutto l'occorrente per cucinare e servire tutte le portate del menu. Procuratevi l'attrezzatura a pagina 11, poi passate in rassegna una a una le "prep list" andando per ordine. Riponete gli alimenti in contenitori che ne mantengano la freschezza. Infine, dedicate una particolare cura a come servirete i piatti, cercando l'armonia delle proporzioni e dei colori attraverso la scelta di piatti da portata e vassoi che siano complementari o in contrasto con i colori della ricetta. Sebbene nella maggior parte dei casi sia possibile preparare gli ingredienti in anticipo, disponeteli sul piatto da portata solo al momento di servirli, controllando in particolar modo che non manchino di sale.

I SEGRETI PER UNA SALSA PERFETTA

Le salse e gli intingoli casalinghi sono facili, gustosi e più salutari delle versioni industriali piene di conservanti. Stimolate la vostra creatività facendo uso di questa semplice "mappa gastronomica", creata per aiutarvi a improvvisare, utilizzando ingredienti versatili, una salsa che tutti apprezzeranno.

1.

SCEGLIETE UNA VERDURA BASE (200–250 G)

A scelta: barbabietola, lessata, spellata e tagliata a dadini; peperone, cucinato e a tocchetti; zucchine cotte o crude a dadini; melanzane, cucinate, sbucciate e tagliate a dadini; zucca, lessata, privata della buccia e dei semi e tagliata a cubetti; funghi, cucinati, privati dei gambi e sminuzzati; spinaci novelli, cotti o crudi; patate dolci, lessate, spellate e tagliate a dadini.

2.

ABBINATELA A FAGIOLI O LEGUMI (300–400 G)

A scelta: lenticchie rosse lessate o germogliate; fagioli mung, lessati o germogliati; ceci, lessati e sbucciati; lenticchie di Puy, lessate o germogliate; fagioli di Lima, lessati; fave, tolte dai baccelli, lessate e sbucciate.

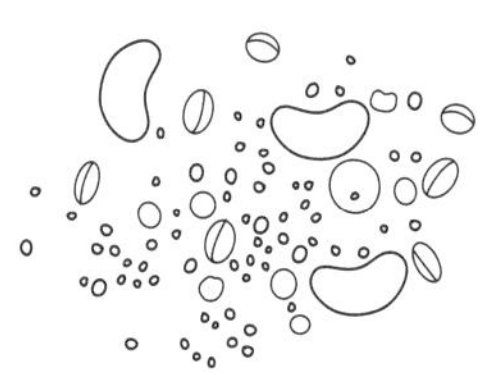

3.

AGGIUNGETE CONSISTENZA (3–4 CUCCHIAIATE)

A scelta: yogurt greco o naturale; yogurt al cocco; tahini di semi di sesamo sgusciati; polpa di avocado schiacciata; olio extravergine d'oliva; olio di avocado spremuto a freddo; feta danese; formaggio di capra.

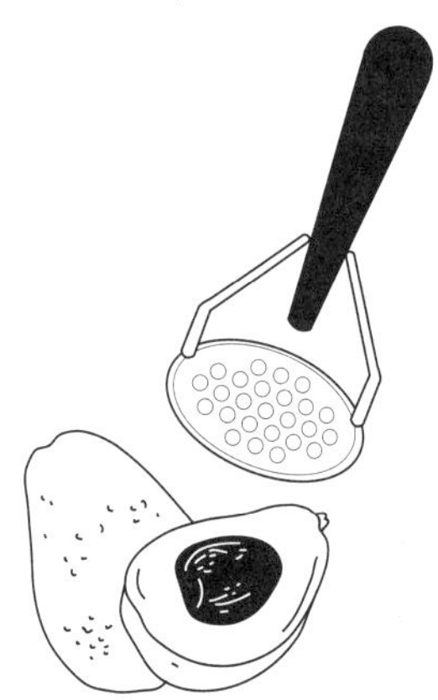

4.

SELEZIONATE LA SPEZIA DOMINANTE

A scelta: pasta di harissa, 1-2 cucchiai; sumac, 1-2 cucchiaini; un peperoncino chipotle in adobo, privato dei semi e schiacciato fino a formare una pasta; cumino in polvere, 1-2 cucchiaini; aglio, 1-2 spicchi schiacciati; 1-2 limoni, succo e scorza grattugiata.

5.

SCEGLIETE UN SAPORE COMPLEMENTARE

A scelta: foglie di menta fresca, una manciata; foglie di basilico, una manciata; peperoncini rossi o verdi, privati dei semi e tagliati a fettine sottili; una manciata di uvetta; cannella in polvere, 1-2 cucchiaini; arancia, spremuta e con la scorza finemente grattugiata; lime, spremuto e con la scorza finemente grattugiata.

6.

SCEGLIETE UN TOPPING CROCCANTE (UNA MANCIATA ABBONDANTE, PIÙ UN ALTRO PO')

A scelta: dukkah; foglie di salvia, fritte e croccanti; mandorle tostate; pinoli appena tostati; semi di finocchio appena tostati; semi di cumino appena tostati; semi di zucca tostati e salati; semi di girasole tostati e salati; soffritto di scalogni; olive miste denocciolate e affettate; uva rossa o verde senza semi, a fettine.

7.

CONFEZIONATE LA SALSA

Selezionate gli ingredienti indicati alle voci precedenti (uno o più per tipo) e frullateli, a esclusione del topping, in un robot da cucina. Aggiustate generosamente di sale e pepe e continuate a frullare sino a ottenere un composto liscio o della consistenza desiderata. Versate la salsa nella ciotola ampia dal bordo basso che più vi piace; irroratela con un goccio d'olio e guarnite la superficie con uno o più topping croccanti tra quelli consigliati. Servite con crackers caldi o tostati, pane, verdure crude e arrostite.

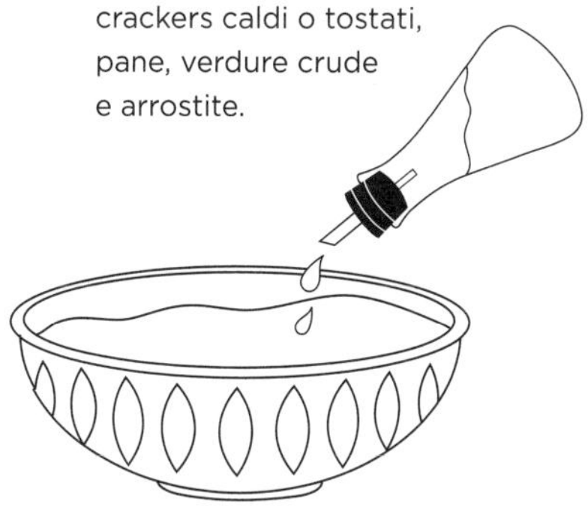

COME METTERE LE VERDURE IN CONSERVA

Oltre a essere deliziose, le conserve di verdura (sottaceto e in salamoia) fanno bene alla digestione. Sono adatte praticamente tutte le verdure, da insaporire con aromi e spezie a piacere. I sottaceti sono ottimi per decorare gli antipasti e gli stuzzichini preparati al momento.

STERILIZZATE I VASETTI

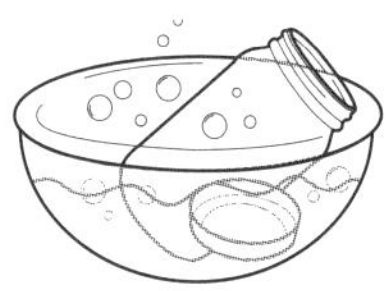

Lavate i vasetti e i rispettivi coperchi in acqua bollente saponata e poneteli ancora bagnati e capovolti su una placca da forno. Infornate la placca con il suo contenuto di vasetti puliti ancora bagnati e i coperchi, in forno preriscaldato a 160-180°C per 15 minuti.

PREPARATE LE VERDURE

Vi occorreranno 600 g di verdure, a scelta. Potete sperimentare l'abbinamento di verdure diverse. Tagliate le verdure grandi a tocchetti o a fettine e tenete invece intere le varietà baby. Scegliete delle verdure stagionali, possibilmente coltivate senza sostanze chimiche e con metodi biologici.

PREPARATE LA SALAMOIA

La salamoia è una miscela di acqua e sale con una concentrazione del 5% di sale per ogni volume d'acqua. Utilizzate sempre acqua filtrata anziché acqua corrente. Mescolate 20 g di sale a 400 ml di acqua e fatelo sciogliere completamente.

SCEGLIETE GLI AROMI

Selezionate gli aromi e le spezie che preferite, circa 1 cucchiaio di ciascun tipo. Anche in questo caso potete sperimentare diverse combinazioni: l'abbinamento tra aneto e pepe nero, oppure tra dragoncello e peperoncino rosso, è squisito. Provare per credere.

ASSEMBLATE GLI INGREDIENTI

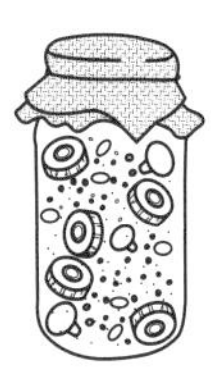

Versate tutte le spezie e gli aromi nel vasetto, poi aggiungete le verdure, compattandole per bene. Versate la salamoia, riempiendo il vasetto fino all'orlo. Assicuratevi che le verdure non sporgano dalla superficie del liquido. Appoggiate il tappo sull'imboccatura del vasetto, senza stringerlo. Posizionate sul tappo una pezza di tessuto e fissatela con un elastico.

FERMENTATE

Ponete il vasetto su un piatto e lasciatelo per 5-7 giorni a temperatura ambiente fino a quando il colore delle verdure all'interno si sarà sbiadito. Se dovesse comparire una fine pellicola di muffa bianca sulla superficie, eliminatela prima di riporre il vasetto in frigorifero. Le verdure fermentate devono avere un odore gradevole e una consistenza croccante. In caso contrario, lasciatele riposare ancora per qualche giorno. Si conservano in frigorifero fino a 12 mesi.

ATTREZZATURA UTILE

Sebbene non occorrano attrezzature particolari per la preparazione dei piatti di questo libro, con questi utensili extra potrete velocizzare le operazioni, rendendo i vostri preparativi ancora più semplici.

ROBOT DA CUCINA

È utile, sebbene non essenziale: consente di amalgamare dei grandi quantitativi di cibo molto rapidamente. Con gli accessori intercambiabili è possibile sminuzzare, triturare, affettare e tagliare a dadini le verdure in men che non si dica.

PIATTI DA PORTATA/ CIOTOLE DA PINZIMONIO

È consigliabile avere a disposizione un assortimento di piatti da portata e taglieri di misure diverse e insalatiere con decorazioni e disegni a contrasto. Per le salse da pinzimonio è indicato l'uso di ciotole.

MANDOLINA

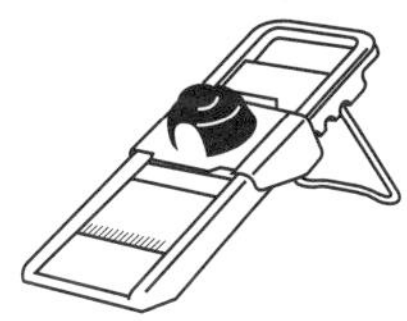

Sebbene non sia fondamentale, questo utensile da cucina permette di tagliare la frutta e la verdura in fette molto sottili in modo uniforme. Poiché le lame sono molto affilate, deve essere maneggiata con cura e tenendola sempre a distanza di sicurezza.

MORTAIO E PESTELLO

In cucina non dovrebbero mai mancare il mortaio e il pestello, che sono molto pratici: ottimi per frantumare e macinare le spezie e le foglie degli aromi freschi, oltre che per la preparazione delle paste.

FRULLATORE A IMMERSIONE

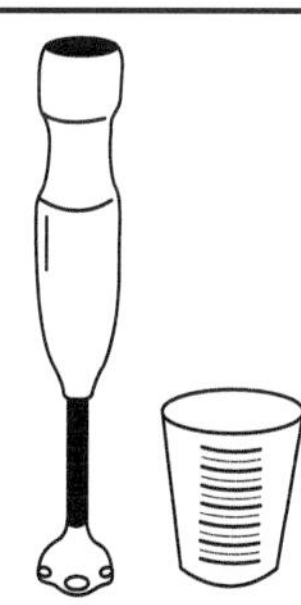

È un elettrodomestico utile in cucina: è versatile, di facile impiego e così poco ingombrante da trovare posto praticamente dappertutto in cucina. Serve a preparare in pochi minuti pesto, pinzimoni e salse.

LA DISPENSA VEGETARIANA

Se si ha una dispensa ben rifornita, la preparazione dei gustosi stuzzichini e assaggi da condividere con gli amici sarà solo questione di un momento. Scegliete sempre i prodotti della migliore qualità alla vostra portata, possibilmente biologici.

MISCELA DI SPEZIE ZA'ATAR
SEMI DI CORIANDOLO
PASTA DI TAMARINDO
PEPERONCINO IN POLVERE
MELASSA DI MELAGRANA
PAPRICA
SEMI DI CUMINO
CURCUMA IN POLVERE
SEMI DI SESAMO NERI E BIANCHI
ALGHE NORI IN FOGLI
SEMI DI FINOCCHIO
PASTA DI MISO BIANCO
TABASCO

DRESSING ALL'AGLIO ARROSTITO

per 300 ml

2 teste d'aglio arrostite intere
250 g di yogurt greco bianco
½ cucchiaino di aceto di mele
2 cucchiai di olio d'oliva
¼ di cucchiaino di sale

ricetta

Spremere l'aglio arrostito in una ciotola facendo fuoriuscire la polpa dalle tuniche che rivestono gli spicchi. Eliminare le tuniche. Aggiungere tutti gli altri ingredienti e con un frullatore a immersione frullarli fino a ottenere una crema dalla consistenza liscia e omogenea. Conservare la salsa in frigorifero in un contenitore ermetico per 3-5 giorni.

OLIO AI PEPERONCINI VERDI

per 500 ml

8 peperoncini verdi (120 g), privati del picciolo e affettati grossolanamente
500 ml di olio extravergine d'oliva

ricetta

Ammaccare i peperoncini nel mortaio e travasarli in un vasetto sterilizzato da 500 ml ricoprendoli di olio. Con il passare del tempo l'olio acquisterà un sapore sempre più intenso di peperoncino. L'olio si conserva fino a 6 mesi in frigorifero, nel vasetto sigillato.

CETRIOLI SOTTACETO

per circa 800 g

800 g di cetriolini misti affettati a rondelle di 5mm

500 ml di aceto bianco

110 g di zucchero semolato bianco

un mazzetto di aneto (30 g), i gambi spuntati

1 cucchiaio di sale

1 foglia di cavolo

ricetta

Scaldare aceto, zucchero, sale e 250 ml di acqua fino a quando lo zucchero è completamente disciolto. Portare a ebollizione. Deporre nel vasetto, a strati alterni, l'aneto e i cetrioli, versarvi la miscela a base di aceto, appoggiare la foglia di cavolo sulla superficie, compattare il contenuto premendolo, sigillare il vasetto e mettere a riposare in frigorifero per 2 settimane.

MAYO VEGANA

per circa 250 g

300 g di tofu setoso

1 cucchiaino e mezzo di senape di Digione

il succo di 1 lime

½ cucchiaino di sale

2 cucchiai di olio d'oliva

ricetta

Mettere il tofu in un setaccio, coprirlo con uno strofinaccio e appoggiare il fondo del setaccio su una ciotola. Collocare un peso sopra il tofu e lasciarvelo per 15 minuti. Eliminare il liquido fuoriuscito. Frullare il tofu insieme a tutti gli altri ingredienti fino a ottenere un composto omogeneo. Conservare la maionese in frigorifero per non più di una settimana.

RICETTE BASE

Imparate bene queste sei pratiche ricette base con cui dare un tocco di sapore e di gusto ai menu delle pagine seguenti.

RICOTTA DI ANACARDI

Preparazione: 25 minuti
Refrigerazione: 1 ora

per 300 g

250 g di anacardi macerati in acqua calda per 20 minuti
1 succo di limone spremuto
1 cucchiaino di lievito nutrizionale in fiocchi
1 cucchiaino di sale

ricetta

Frullare tutti gli ingredienti in un robot da cucina fino a ottenere un composto omogeneo. Arrotolare il formaggio così ottenuto formando un cilindretto o una sfera e avvolgerlo in un panno di mussola. Porre in frigorifero per 1 ora a raffreddare e solidificare. Conservare la ricotta in frigorifero in un contenitore ermetico per 1-2 settimane oppure nel congelatore per 1 mese.

INSALATA DI PESCHE

Preparazione: 15 minuti

per 4 porzioni

1 avocado sbucciato, privato del nocciolo e tagliato a cubetti irregolari
4 pesche gialle mature (580 g) tagliate a metà, private del nocciolo e grigliate
1 piccola cipolla rossa tagliata a dadini
Il succo di 1 lime
1 manciata di foglie di coriandolo e altre per decorare
¼ di cucchiaino di salsa Tabasco

ricetta

Tagliare le pesche grigliate a pezzi piccoli e unirle agli altri ingredienti.
Salare a piacimento e mescolare bene. Guarnire l'insalata con altre foglie di coriandolo.

SAMBOL DI CAROTE

Preparazione: 10 minuti
Cottura: 5 minuti

per circa 200 g

40 g di cocco essiccato
10 foglie di curry fresche
2 carote tagliate a fiammifero
½ piccola cipolla rossa affettata fine
1 peperoncino verde affettato fine
Il succo di 1 lime
½ cucchiaino di sale

ricetta

Preriscaldare il forno a 140°C. Disporre il cocco e le foglie di curry su una leccarda foderata di carta da forno e infornarli per 5 minuti, fino a quando diventano caldi senza avere cambiato colore. Trasferirli in una ciotola e unirli agli altri ingredienti.

SAUERKRAUT DORATI

Preparazione: 20 minuti
Fermentazione: 5–7 giorni

per circa 1 kg

400 g di barbabietola gialla Golden sbucciata
e tagliata a fiammifero
1 cucchiaio di semi di cumino
1 cucchiaio di pepe nero pestati
1 cucchiaio di semi di sesamo
1 cucchiaio di curcuma in polvere
½ cavolo verde (circa 600 g), privato del torsolo e sminuzzato
(mettere da parte le foglie più esterne del cavolo, da appoggiare
sulla superficie per evitare fenomeni di ossidazione)
1 cucchiaio di sale

ricetta

Porre tutti gli ingredienti in un'insalatiera. Con le mani (indossare dei guanti per evitare che la pelle si macchi) lavorare le verdure fino a far fuoriuscire il loro succo, circa 10 minuti.
Inserire le verdure in un vaso sterilizzato compattandole bene e premendo il contenuto verso il basso, così da far risalire in superficie il liquido fino a ricoprire le verdure, eliminando le bolle d'aria. Lasciare sgombri alcuni centimetri sotto l'imboccatura, dove si andrà a inserire una foglia di cavolo intera, ripiegata su se stessa.
Chiudere il tappo e mettere sottovuoto. Lasciare fermentare a temperatura ambiente ma tenendo il vasetto al riparo dalla luce solare diretta per 5-7 giorni. Togliere la foglia di cavolo e conservare il vasetto in frigorifero per al massimo 6 mesi.

RELISH PICCANTE DI BARBABIETOLE

Preparazione: 15 minuti
Cottura: 10 minuti

per circa 500 g

2 barbabietole di medie dimensioni (circa 500 g), spellate e tagliate a filetti
1 peperoncino verde lungo sminuzzato
6 foglie di curry fresche
2 cucchiai di pasta di tamarindo
3 cucchiai di olio di cocco

ricetta

Scaldare l'olio in una padella su una fiamma medio-alta e friggere le foglie di curry per 30 secondi. Aggiungere il peperoncino e proseguire la cottura per 1 minuto. Abbassare la fiamma da alta a media, aggiungere la barbabietola e cuocere per 10 minuti. Togliere la padella dalla fonte di calore, incorporare il tamarindo e salare a piacere. Conservare in un contenitore ermetico in frigorifero fino a una settimana.

CHUTNEY DI POMODORI

Preparazione: 5 minuti
Cottura: 40 minuti

per circa 485 g

500 g di pomodori di colori misti, tagliati a pezzi irregolari
250 g di cipolla rossa a fettine sottili
80 ml di vino di lamponi o aceto di vino rosso
½ peperoncino anjo o habanero essiccato, sminuzzato
½ cucchiaino di sale

ricetta

Unire tutti gli ingredienti in una padella e amalgamarli bene.
Cuocerli a fuoco lento per 30-40 minuti o fino a quando assumono la consistenza della marmellata. Versare il composto in un vasetto sterilizzato, sigillarlo e conservare in frigorifero per al massimo una settimana.

SALSE

Servite questi dip con dei crackers, delle verdure crude o arrostite: lo stuzzichino perfetto da accompagnare a un aperitivo. Se lo desiderate, potete utilizzare la guida “I segreti per una salsa perfetta” a pagina 8 per creare dei gusti di vostra invenzione.

PESTO

Preparazione: 10 minuti

per circa 250 g

4 cucchiai di pinoli appena tostati
100 g di foglie di basilico
1 cucchiaio di semi di canapa (facoltativi)
Scorza di 1 limone finemente grattugiata
1 cucchiaio di succo di limone
80 ml di olio extravergine
½ spicchietto d'aglio, sbucciato
¼ di cucchiaino di sale

ricetta

Porre tutti gli ingredienti in un mixer e frullare a impulsi fino a quando risultano ben amalgamati.

SALSA ROMESCO

Preparazione: 5 minuti
Cottura: 15 minuti

per 4 persone

2 peperoni rossi, anneriti sulla fiamma viva, spellati e privati dei semi
100 g di mandorle spellate, tostate
1 spicchio d'aglio, schiacciato
1 pomodoro Roma tagliato a dadini
120 ml di olio extravergine d'oliva
1 cucchiaio di aceto di vino di lamponi
¼ di cucchiaino di sale

ricetta

In un robot da cucina macinare tutti gli ingredienti, a eccezione dell'olio d'oliva, fino a ottenere una granella. Irrorare di olio d'oliva e azionare la modalità a impulsi fino a quando il tutto risulta completamente amalgamato.

DIP ALLA BARBABIETOLA

Preparazione: 10 minuti
Cottura: 25 minuti

per circa 500 g

850 g di barbabietola, arrostita (500 g da sbucciata e lessata), spellata e tagliata a cubetti irregolari
140 g di yogurt greco
4 cucchiaini di rafano fresco finemente grattugiato
60 ml di olio d'oliva
1 cucchiaio e mezzo di melassa di melagrana
½ cucchiaino di semi di cumino tostati
¼ di cucchiaino di sale

ricetta

In un robot da cucina amalgamare tutti gli ingredienti, tranne lo yogurt, la melassa e i semi di cumino, utilizzando la funzione a impulsi. Proseguire fino a quando il composto diventa liscio e omogeneo. Versarlo in un'ampia ciotola dai bordi bassi e distribuire piccole cucchiaiate di yogurt qua e là sulla superficie, a mo' di piccole palline di gelato. Con la punta di uno spiedo trascinare lo yogurt sulla barbabietola creando un effetto marmorizzato. Irrorare con la melassa e distribuire sulla superficie i semi di cumino. Servire accompagnato da crackers.

DIP DI CAVOLFIORE CON PISELLI AL WASABI

Preparazione: 5 minuti
Cottura: 30 minuti

per 4 persone

650 g di cavolfiore, ridotto in pezzettini
200 ml di crema di cocco
5 spicchi d'aglio tagliati a fettine sottili
4 cucchiai di olio extravergine d'oliva
1 cucchiaio di piselli al wasabi frantumati ma non troppo
2 cucchiai di miele
½ cucchiaino di sale

ricetta

Scaldare l'olio in una casseruola su una fiamma media e soffriggere l'aglio per un minuto o fino a quando comincia a spandere il suo profumo. Aggiungere il cavolfiore e il sale e cuocere a fiamma bassissima per 10 minuti o fino a quando il contenuto della casseruola si ammorbidisce. Aggiungere la crema di cocco, portare a ebollizione, poi abbassare la fiamma e far sobbollire per 20 minuti o fino a evaporazione di metà del liquido. Lasciare raffreddare il composto e quindi, con un frullatore a immersione, ridurlo in una purea liscia e omogenea. Travasare la crema in una ciotola e decorare la superficie con miele e piselli al wasabi.

DIP DI MELANZANE AFFUMICATE CON PINOLI

Preparazione: 25 minuti
Cottura: 5 minuti

per 4 persone

3 melanzane, annerite direttamente sulla fiamma viva, sbucciate e private della polpa
45 g di pinoli appena tostati
2 cucchiai di olio d'oliva, più un piccolo quantitativo per guarnire il piatto
1 spicchietto d'aglio
Una manciatina (5 g) di foglie di menta, più altre spezzettate per decorare
1 cucchiaino di pasta miso bianco
½ cucchiaino di sale

ricetta

Mescolare la polpa delle melanzane, menta, olio d'oliva, miso, aglio e sale fino a ottenere un composto omogeneo. Travasarlo in una ciotola e guarnire aggiungendo olio d'oliva, pinoli e foglie di menta spezzettate.

HUMMUS CON CURCUMA E LIME

Preparazione: 10 minuti

per 4 persone

350 g di ceci lessati, privati delle bucce, più altri per decorare il piatto
1 spicchio d'aglio schiacciato
Il succo di 2 lime, più la loro scorza grattugiata per decorare il piatto
60 ml di olio extravergine d'oliva, più altro per decorare il piatto
½ cucchiaino di curcuma in polvere
1 cucchiaino di sale

ricetta

Frullare tutti gli ingredienti in un robot da cucina fino a quando sono del tutto amalgamati, aggiungendo all'occorrenza 1-2 cucchiai d'acqua per ammorbidire la consistenza. Travasare il composto in una ciotola e guarnirlo con alcuni ceci, una spruzzatina di olio d'oliva e la scorza grattugiata del lime. Servire con crostini a forma di ciambella o crackers.

TZATZIKI DI FINOCCHI, MENTA E CARVI

Preparazione: 10 minuti

per 4 persone

250 g di yogurt naturale o greco
una manciatina di menta, solo le foglie, spezzettate, più dell'altra per guarnire
1 cetriolo medio, privato dei semi e tagliato a dadini
1 cucchiaio di olio extravergine d'oliva
1 cucchiaino di semi di finocchio appena tostati
1 cucchiaino di semi di carvi appena tostati
½ cucchiaino di sale

ricetta

In una ciotola, mescolare bene tutti gli ingredienti a esclusione dell'olio d'oliva. Irrorare di olio d'oliva, poi distribuire le foglie di menta in più sulla superficie.

DIP DI SRI LANKA AL COCCO

Preparazione: 5 minuti
Cottura: 5 minuti

per 4 persone

460 g di yogurt al cocco
Il succo di 2 lime
10 foglie di curry fresche
2 cucchiai di olio di cocco
1 cucchiaino di semi di senape gialla
½ cucchiaino di curcuma in polvere
½ cucchiaino di sale

ricetta

In una ciotola mescolare lo yogurt, il sale e il succo di lime.
Scaldare l'olio in una padella su una fiamma moderata per 1 minuto, quindi aggiungere i semi di senape.
Quando i semi di senape cominciano a scoppiettare, aggiungere la curcuma
e le foglie di curry. Non appena le foglie di curry si mettono a sfrigolare (circa 30 secondi),
allontanare la padella dalla fiamma. Versare sulla crema l'olio speziato.
Incoperchiare e raffreddare in frigorifero fino al momento di servire.

GUACAMOLE SPEZIATO

Preparazione: 10 minuti

per 4 persone

4 avocado, sbucciati, privati del nocciolo e tagliati a dadini
Il succo di 2 lime, più alcuni spicchi con cui accompagnare il piatto
1 cucchiaino di paprica dolce, più altra per guarnire (facoltativa)
1 cucchiaino di peperoncino habanero in polvere
½ cucchiaino di cumino in polvere
Un mazzetto di coriandolo, gli steli tritati, le foglie staccate
½ cucchiaino di sale

ricetta

In una ciotola unire tutti gli ingredienti a esclusione delle foglie di coriandolo, mescolando bene. Decorare la superficie con le foglie di coriandolo, aggiungendo se desiderato una spolverata di paprica, e servire con spicchi di lime.

DUKKAH DELLE FESTE

Preparazione: 20 minuti

per circa 200 g

70 g di nocciole, arrostite e spellate
70 g di noci macadamia arrostite
3 cucchiai di semi di coriandolo appena tostati
1 cucchiaio di semi di finocchio appena tostati
1 cucchiaio di semi di cumino appena tostati
2 cucchiai di semi di sesamo neri appena tostati
½ cucchiaino di sale

ricetta

Versare tutti gli ingredienti nel mortaio e pestarli in modo irregolare.
Conservare la miscela in un contenitore ermetico per non più di un mese.

PIATTI VEGETARIANI

Una selezione di piatti freddi e caldi con influssi dal Marocco, India, Italia e Thailandia, queste leccornie rompono il ghiaccio in qualsiasi situazione, dal picnic tra amici alla cerimonia formale.

FETA AGLI AGRUMI E AROMI

Preparazione: 10 minuti

per circa 1 kg

1 kg di feta danese tagliata a cubetti di 3 cm
Il succo di 1 limone, più la scorza tagliata a strisce non troppo sottili
Un mazzetto di aneto (50 g), le foglie cimate e tritate
Un mazzetto di prezzemolo (50 g), le foglie e i gambi sminuzzati
12 rametti di timo
800 ml di olio extravergine d'oliva
20 grani di pepe nero

ricetta

Versare i grani di pepe in un capiente barattolo di vetro sterilizzato.
Inserire, alternandoli, uno strato di feta e uno di aromi, inframmezzati dalle scorze di limone.
Aggiungere il succo del limone e un quantitativo di olio d'oliva sufficiente a coprire completamente la feta.
Riporre in frigorifero per almeno una settimana prima di servire. Poiché l'olio d'oliva
in frigorifero si solidifica, lasciare il barattolo a temperatura ambiente per almeno 1 ora prima
di servire. La feta marinata si mantiene in frigorifero, nel barattolo sigillato, fino a 2 settimane.

POLPETTINE DI CAVOLO RICCIO E RICOTTA

Preparazione: 30 minuti
Cottura: 10 minuti

per 4 persone

300 g di cavolo riccio, i gambi spuntati, le foglie spezzettate
e saltate in padella
160 g di miglio lessato
10 g di foglie di menta, più altre
per guarnire
50 g di ricotta
2 uova
2 cucchiai di olio di cocco
½ cucchiaino di sale

ricetta

In un robot da cucina, azionare la funzione a impulsi per mescolare tutti gli ingredienti a eccezione dell'olio. Mettere in fresco il composto così ottenuto per 20 minuti in modo da renderlo più coeso. Scaldare l'olio in una padella a calore medio-alto. Ricavare dal composto 8-10 dischetti e friggerli un po' alla volta fino a quando diventano dorati su entrambi i lati (circa 4 minuti). Guarnire con la menta e servire.

CONI DI POPCORN ALLO ZA'ATAR

Preparazione: 10 minuti

per 6 persone

450 g di popcorn appena fatti
e ancora caldissimi
2 cucchiai e mezzo di za'atar
¼ di cucchiaino di peperoncino
in polvere
100 g di formaggio tipo Parmigiano,
grattugiato
2 cucchiai di olio extravergine d'oliva
½ cucchiaino di sale

ricetta

Versare l'olio sui popcorn caldi e scuoterli in modo da rivestirne uniformemente la superficie.
In una ciotolina, mescolare sale, za'atar e peperoncino in polvere.
Versarli sui popcorn e mescolarli fino a quando il condimento è distribuito in modo omogeneo.
Servirli immediatamente in bicchieri o coni di carta, cosparsi di formaggio grattugiato.

RONDELLINE FORMAGGIOSE AL PESTO

Preparazione: 10 minuti + 30 minuti a raffreddare
Cottura: 20 minuti

per 8 persone

1 panetto da 24 x 24 cm di pasta sfoglia scongelata
100 g di formaggio Cheddar grattugiato
1 cucchiaio di cranberry disidratati sminuzzati
1 uovo appena sbattuto
2 cucchiai di Pesto (pagina 32)

ricetta

Spalmare il pesto sulla pasta sfoglia, lasciando libero 1 cm lungo il perimetro.
Cospargere di formaggio. Spennellare i bordi con l'uovo.
Formare un rotolo stretto con la pasta lasciando la farcia all'interno.
Avvolgere il rotolo nella pellicola trasparente e metterlo a raffreddare in frigorifero per 30 minuti.
Preriscaldare il forno a 200°C. Spennellare il rotolo con l'uovo, tagliarlo in 8 fette e appoggiarle su una leccarda foderata con carta da forno. Infornare per 20 minuti o fino a quando le rotelline si saranno indorate.

FRITTELLE DI SPAGHETTI AL PARMIGIANO

Preparazione: 10 minuti
Cottura: 10 minuti

per 4 persone

200 g di spaghetti, lessati e raffreddati
2 uova, più 1 tuorlo
60 ml di Olio ai peperoncini verdi (pagina 14)
Un mazzetto di coriandolo, solo le foglie sminuzzate, più altre per guarnire
150 g di formaggio tipo Parmigiano, grattugiato
1 cucchiaino di sale

ricetta

Con delle forbici da cucina tagliare gli spaghetti lessati in pezzi lunghi circa 2-3 cm, lasciandoli cadere in una ciotola. Unire gli altri ingredienti, a esclusione dell'olio, e mescolare bene. Scaldare l'olio al peperoncino in una padella a fiamma viva e friggervi il composto a cucchiaiate fino a dorarle su entrambi i lati. Si dovrebbero ricavare 8-10 frittelle. Aggiustare di sale e guarnire con il coriandolo rimasto.

CROSTATA DI ASPARAGI

Preparazione: 5 minuti
Cottura: 15 minuti

per 4 persone

460 g di asparagi multicolori,
privati delle estremità dure
1 pezzo di focaccia (250 g) tagliato a metà
160 g di labneh o panna acida vegana
½ limone, a fettine sottili
1 spicchio d'aglio, spellato e affettato finemente
2 cucchiai di olio extravergine d'oliva
Una manciatina di timo
Sale e pepe nero macinato di fresco

ricetta

Preriscaldare il forno a 220°C. Irrorare le due metà della focaccia con 1 cucchiaio di olio d'oliva e tostarle in forno fino a quando sono dorate. Estrarle dal forno e metterle da parte. Nel frattempo mescolare gli asparagi con l'olio d'oliva rimasto, l'aglio e qualche rametto di timo. Salarli bene e arrostirli insieme alle fettine di limone per 15 minuti o fino a quando saranno diventati teneri e appena bruciacchiati. Spalmare sulle mezze focacce il labneh o la panna acida. Disporvi gli asparagi, cospargerli con il timo rimanente e il limone abbrustolito e servire il tutto tagliato a quadretti.

RAVIOLI AL PANEER

Preparazione: 10 minuti
Cottura: 5 minuti

per 4 persone

8 (3 x 1 cm) cubetti di paneer

Un mazzetto di aglio cinese, tagliato in pezzi lunghi 4 cm

8 quadrati di pasta per wonton

1 cucchiaino di olio ai peperoncini verdi, più quello necessario per servire

Una spruzzata di succo di limone

ricetta

Appoggiare gli involucri di pasta sul piano di lavoro e porre al centro di ognuno un cubetto di paneer. Bagnare i bordi con un po' d'acqua, quindi chiudere gli involucri formando un triangolo. In una padella scaldare l'olio a calore medio-alto e friggere i ravioli per 3 minuti o fino a quando sono dorati su entrambi i lati. Aggiungere 2 cucchiai di acqua, incoperchiare e cuocere al vapore per 2 minuti fino a quando l'acqua è evaporata e i ravioli sono cotti. Togliere il coperchio e farli saltare per altri 30 secondi. Decorare con olio al peperoncino, aglio cinese, una spruzzata di succo di limone e una presa di sale.

BRUSCHETTA DI PAPPADUM PICCANTE

Preparazione: 15 minuti

per 4 persone

4 pappadum, fritti fino diventare gonfi e dorati, lasciati raffreddare e tagliati a metà
1 quantitativo di Insalata di pesche (pagina 20)
4 cucchiai di Dressing all'aglio arrostito (pagina 14)
1 lime, tagliato in 8 spicchi, per servire
Una presa di habanero o peperoncino rosso in polvere

ricetta

Spalmare su ogni pappadum mezzo cucchiaio di dressing, seguito dalla salsa. Cospargere di peperoncino in polvere e salare a piacere. Servire con spicchi di lime.

SLIDERS DI HALLOUMI

Preparazione: 35 minuti

per 4 persone

310 g di halloumi, tagliato in 8 fette, fritte fino a indorarsi su tutti i lati
100 g di Relish piccante di barbabietole (pagina 26)
100 g di crème fraîche
4 panini per mini burger, appena tostati
½ avocado, sbucciato, privato del nocciolo e tagliato a fettine
Una manciatina di crescione

ricetta

In una ciotola, mescolare il Relish piccante di barbabietole e la crème fraîche. Spalmare con il composto ottenuto la metà inferiore di ognuno dei panini. Deporre su ciascuno 2 fette di halloumi, avocado e un po' di crescione, quindi aggiungere un pizzico di sale. Chiudere i burger con l'altra metà del panino e servire.

PATATE ARROSTO CON DRESSING ALL'AGLIO

Preparazione: 10 minuti
Cottura: 40-60 minuti

per 4 persone

450 g di piccole patate da arrosto, tagliate a metà senza sbucciarle
Un mazzetto di aglio cinese tagliato in pezzi lunghi 2 cm
1 quantitativo di Dressing all'aglio arrostito (pagina 14)
2 cucchiai di olio d'oliva
1 cucchiaino di sumac

ricetta

Appoggiare una placca da forno dai bordi rialzati su una griglia del forno e preriscaldarla a 240°C. In un'ampia ciotola, unire le patate, l'olio d'oliva e metà del sumac. Condire con una generosa presa di sale e pepe e agitare la ciotola fino a quando gli ingredienti si saranno distribuiti uniformemente. Disporre le patate sulla placca da forno riscaldata, con la parte tagliata rivolta verso il basso, e arrostirle per 45-60 minuti, fino a quando diventano morbide e prendono colore. Trasferirle in una ciotola grande e guarnirle con il sumac rimasto e l'aglio cinese. Servirle accompagnate dal dressing.

PITA COL SOLE IN BOCCA

Preparazione: 10 minuti
Cottura: 10 minuti

per 4 persone

150 g di Feta agli agrumi e aromi (pagina 54)
4 mini-dischi di pane pita, incisi nella parte alta ricavando un'apertura
8 uova bio grandi, salate e strapazzate fino ad acquistare una consistenza setosa
1 cucchiaio di Dukkah delle feste (pagina 50)
Un bel mazzo consistente di coriandolo, solo le foglie
1 avocado, sbucciato, privato del nocciolo e tagliato a fette
1 limone, diviso a metà e poi a lunette, per servire

ricetta

Con le dita allargare delicatamente l'apertura praticata su ogni pane pita ricavando una tasca interna. Riempire ognuna delle tasche di uovo strapazzato, avocado, feta, dukkah e in ultimo il coriandolo. Servire accompagnato dalle fettine di limone.

BAHN MI DI VERDURE

Preparazione: 10 minuti

per 4 persone

500 g di verdure crude a scelta tra carote, cetrioli, ravanelli e cavolo, affettate finemente o sminuzzate
1 baguette, aperta per il lungo
2 cucchiai di maionese
1 cucchiaino di salsa sriracha
30 ml di aceto di vino bianco
Un mazzetto di menta per guarnire

ricetta

In una ciotolina, unire la maionese e la sriracha.
In un'altra ciotola, mescolare le verdure con l'aceto e salare abbondantemente.
Spalmare sulla metà inferiore della baguette la maionese aromatizzata alla sriracha, aggiungere le verdure precedentemente preparate, quindi porzionare la baguette in pezzi abbastanza grossi e decorarli con la menta.

SOUVLAKI PICCANTE DI HALLOUMI

Preparazione: 10 minuti
Cottura: 10 minuti

per 2 persone

310 g di halloumi, tagliato in 16 cubetti
4 rametti di rosmarino
½ cucchiaino di peperoncino rosso frantumato
4 mezzi limoni
4 cucchiai di Tzatziki di finocchi, menta e carvi (pagina 44)
1 cucchiaio di olio d'oliva

ricetta

Con la punta di uno spiedo praticare un foro passante in ognuno dei cubetti di halloumi e infilare delicatamente 4 cubetti su ognuno dei rametti di rosmarino, lasciando dello spazio tra un cubetto e l'altro. Scaldare l'olio d'oliva in una padella su una fiamma moderata e friggere gli spiedini per 1-2 minuti per lato o fino a quando saranno indorati. Cospargerli di scaglie di peperoncino e salarli. Servirli con i limoni tagliati a metà e lo tzatziki.

CONCHIGLIONI RIPIENI

Preparazione: 25 minuti
Cottura: 10 minuti

per 4 persone

16 conchiglioni (confezione da 450 g), lessati e raffreddati
120 g di ricotta fresca
60 g di formaggio tipo Parmigiano, finemente grattugiato, più altro per decorare
80 g di Olive marinate alla toscana (pagina 146), denocciolate e tagliuzzate,
più 1 cucchiaio di olio della marinata
Una manciatina di spinaci novelli sminuzzati
Una manciatina di foglie di basilico spezzettate con le mani

ricetta

In una ciotola amalgamare i due formaggi, le olive, l'olio e gli spinaci; salare a piacere. Distribuire il composto nei conchiglioni e aggiungere un piccolo quantitativo del Parmigiano rimasto. Inserirle sotto il grill già caldo per circa 10 minuti, fino a quando il formaggio si sarà sciolto e i bordi dei conchiglioni saranno diventati croccanti e dorati. Decorare con le foglie di basilico e servire.

BOCCONCINI AL PESTO DI FAGIOLI BIANCHI

Preparazione: 10 minuti
Cottura: 10 minuti

per 4 persone

1 pane libanese suddiviso in 8 pezzi e avvolto in carta stagnola
400 g di fagioli bianchi di Spagna in scatola, scolati e risciacquati
60 g di burro
3 spicchi d'aglio a fettine sottili
1 piccola cipolla rossa tritata
1 quantitativo di Guacamole speziato (pagina 48)
Spicchi di lime e foglie di coriandolo per servire

ricetta

Preriscaldare il forno a 150°C. Scaldare in forno il pane avvolto nella carta stagnola per 10 minuti.
Nel frattempo, scaldare il burro a calore medio in una padella e soffriggere l'aglio per 30 secondi.
Aggiungere la cipolla e soffriggerla fino a quando si ammorbidisce.
Alzare la fiamma, aggiungere i fagioli e una generosa presa di sale e friggerli per 2 minuti
fino a quando la loro buccia si solleva e acquista un colore dorato.
Lasciarli raffreddare un po' e poi schiacciarli con la forchetta, lasciandone alcuni interi.
Togliere il pane dal forno e disporvi sopra i fagioli. Servire con guacamole, spicchi di lime e coriandolo.

MINI SOCIAL DOGS

Preparazione: 15 minuti
Cottura: 6 minuti

per 4 persone

4 mini brioche o panini per hot dog, tagliati per il lungo ma solo parzialmente
4 foglie di lattuga divise a metà con le mani
4 Chipolatas vegane (pagina 136), cotte e tenute in caldo
1 cucchiaio di senape inglese delicata
150 g di Cheddar inglese "rosso" affumicato, grattugiato
50 g di Cetrioli sottaceto (pagina 15), tagliati a pezzi irregolari
½ mela Granny Smith, privata del torsolo e tagliata a fiammiferi con la mandolina

ricetta

Spalmare di senape i panini e farcirli di formaggio.
Porli sotto a un grill preriscaldato per circa 6 minuti, fino a quando il formaggio si sarà sciolto.
Terminare la farcitura dei panini aggiungendo lattuga, una chipolata, sottaceti e mela.

FOCACCIA CON ROSMARINO E ARANCIA

Preparazione: 5 minuti
Cottura: 15 minuti

per 6 persone

1 focaccia grande
La scorza di 1 arancia, finemente grattugiata
1 rametto di rosmarino, solo le foglie
5 spicchi d'aglio
2 cucchiai di olio d'oliva
½ cucchiaino di sale
1 quantitativo di Dip alla barbabietola (pagina 36)

ricetta

Preriscaldare il forno a 200°C. Con un coltellino affilato bucherellare tutta la focaccia. Schiacciare il rosmarino, l'aglio, il sale e la scorza d'arancia con mortaio e pestello fino a formare una pasta grossolana. Aggiungere l'olio mescolando. Spalmare il composto sulla focaccia, premendolo in modo che penetri nei fori. Avvolgere la focaccia nella carta stagnola e cuocerla in forno per 10 minuti. A questo punto aprire la stagnola sulla parte rivolta verso l'alto e proseguire la cottura in forno per altri 5 minuti o fino a quando la superficie si sarà dorata. Servire la focaccia in fette spesse accompagnandola con il Dip alla barbabietola.

CHIPS DI PATATE DOLCI E CREMA DI AVOCADO

Preparazione: 10 minuti
Cottura: 25 minuti

per 4 persone

2 patate dolci tagliate in bastoncini sottili
2 avocado maturi, sbucciati, privati del nocciolo
 e tagliati in pezzi irregolari
Il succo di 2 lime
4 cucchiai di Pesto (pagina 32), se necessario
 aggiungere dell'olio per ottenere una consistenza liquida
4 cucchiai di olio d'oliva
Sale

ricetta

Preriscaldare il forno a 200°C. Su una placca da forno, mescolare le patate dolci a 2 cucchiai di olio d'oliva aggiungendo una generosa presa di sale. Arrostire le patate per 25 minuti fino a quando risultano morbide all'interno e dorate esternamente. In un robot da cucina frullare gli avocado, l'olio d'oliva rimasto, il succo di lime e una presa di sale fino a ottenere un composto liscio e cremoso. Servire insieme al pesto e alle patatine fritte.

MINI GYROS VEGETARIANI

Preparazione: 30 minuti

per 4 persone

2 mini pane pita, tagliati in quattro parti, 8 pezzi in totale
8 cucchiai di Dressing all'aglio arrostito (pagina 14)
4 foglie di insalata Romanella divise a metà
2 funghi Portobello privati dei gambi, tagliati a fettine non troppo sottili e fritti fino a diventare dorati
4 Chipolatas vegane (pagina 136), tagliate a metà
¼ di una piccola cipolla rossa, a fettine fini
½ cucchiaino di origano essiccato

ricetta

Con il dorso di un cucchiaio, spalmare metà del dressing all'aglio su ciascun pezzo di pane.
Distribuire la lattuga e i funghi sulle fette di pane, seguiti da mezza chipolata e qualche fettina di cipolla.
Cospargerle con il dressing all'aglio rimanente e con l'origano.
Arrotolare il pane lasciando le due estremità aperte e fissare con uno stuzzicadenti.

CAMEMBERT FUSO AL SESAMO NERO

Preparazione: 5 minuti
Cottura: 20 minuti

per 4 persone

1 forma di Camembert del peso di 250 g
2 cucchiai di miele
5 rametti di timo
½ cucchiaino di semi di sesamo neri
50 g di mandorle in scaglie, leggermente tostate
1 peperoncino rosso lungo tagliato a fettine in diagonale
1 piccola baguette tagliata a grosse fette, per servire

ricetta

Preriscaldare il forno a 180°C. Praticare delle incisioni di circa 0,5 cm di profondità nel formaggio e asportare la crosta lungo la superficie. Infilare i rametti di timo nella superficie e infornarlo per 20 minuti o fino a quando il formaggio comincia a diventare liquido al centro. Cospargere di miele, seguito dagli altri ingredienti. Servire accompagnato dalla baguette.

FRITTATA AL BASILICO E FORMAGGIO DI CAPRA

Preparazione: 15 minuti
Cottura: 10 minuti

per 4 persone

6 uova bio
Un mazzetto di basilico, solo le foglie,
più altre per decorare il piatto,
40 g di formaggio di capra
60 g di burro
4 cucchiai di Relish piccante di barbabietole (pagina 26)

ricetta

Sbattere le uova e il basilico insieme a una presa di sale e di pepe.
Fondere il burro in una padella adatta per la cottura in forno e versarvi la miscela a base di uova.
Cuocere la frittata per 2 minuti e poi allontanare delicatamente la padella dal fuoco.
Cospargere la frittata del formaggio sbriciolato e inserirla sotto il grill preriscaldato per 7 minuti o fino a quando la frittata risulterà rappresa e dorata in superficie.
Una volta raffreddata a sufficienza, toglierla dalla padella e tagliarla in 8 pezzi; cospargerla del basilico rimasto. Servirla calda o fredda abbinata al relish di barbabietole.

SIGARI SPANAKOPITA

Preparazione: 20 minuti
Cottura: 30 minuti

per 9 persone

140 g di spinaci novelli saltati in padella e drenati del liquido in eccesso oppure spinaci surgelati, scongelati e spremuti per eliminare il liquido in eccesso
1 porro di piccole dimensioni, tagliato a dadini e saltato in padella
200 g di ricotta
Un mazzetto di aneto, solo le foglie, tritate
60 ml di olio d'oliva
6 fogli di pasta fillo surgelata, scongelata
½ cucchiaino di sale

ricetta

Mescolare gli spinaci, il porro e la ricotta con l'aneto e il sale. Preriscaldare il forno a 180°C. Spennellare un foglio di pasta fillo con olio. Sovrapporre il secondo foglio e spennellare anche quello. Ripetere l'operazione, quindi tagliare i fogli sovrapposti in tre parti in senso verticale e a metà in senso orizzontale per ottenere 9 quadrati. Porre un cucchiaio colmo di farcia al centro del quadrato più vicino. Ripiegare la pasta fillo su se stessa, quindi ripiegarla verso destra e poi verso sinistra. Spennellare d'olio e arrotolare stretto. Ripetere l'operazione. Porre i sigari, con la linea di giunzione rivolta verso il basso, su una leccarda rivestita di carta da forno e infornarli fino a quando risultano croccanti.

ANELLI CROCCANTI DI ZUCCA DELICATA

Preparazione: 30 minuti
Cottura: 15 minuti

per 4 persone

2 zucche delicata o una piccola zucca butternut,
tagliate a dischi dello spessore di 1,5 cm e private dei semi
Il succo e la scorza di 1 lime
3 cucchiai di olio d'oliva
1 cucchiaio di Dukkah delle feste (pagina 50)
½ cucchiaino di sale, più altro per la preparazione

ricetta

Salare leggermente la zucca e lasciare riposare per 30 minuti. Asciugare i dischi con della carta asciugatutto, asportando il sale. Scaldare l'olio in una padella grande su una fiamma medio-alta. Salare leggermente i dischi di zucca con mezzo cucchiaino di sale e trasferirli nella padella alcuni per volta. Rosolarli fino a quando diventano dorati, circa 2 minuti per lato. Toglierli dal fuoco e irrorarli di succo di lime. Cospargere la superficie di scorza di lime e dukkah.

UOVA AL CHUTNEY

Preparazione: 5 minuti
Cottura: 7 minuti

per 4 persone

100 g di Chutney di pomodori (pagina 28)
4 uova bio
2 cucchiai di panna acida
Qualche rametto di timo

ricetta

Far bollire le uova per 7 minuti o fino al livello di durezza desiderato.
Sgusciarle e tagliarle a metà, asportando una fettina del fondo di ciascuna metà per creare una base d'appoggio.
Sovrapporre un piccolo quantitativo di chutney e panna acida e guarnire con il timo. Salare a piacere.

CRACKERS AI SEMI DI FINOCCHIO

Preparazione: 15 minuti
Cottura: 10 minuti

per 4 persone

240 g di farina di farro
125 ml di olio d'oliva
200 g di feta danese
1 cucchiaino di sale, più altro da spolverizzare
2 cucchiaini di semi di finocchio
1 quantitativo di Dip alla barbabietola (pagina 36)

103

ricetta

Preriscaldare il forno a 180°C. Mescolare farina, sale, olio e semi di finocchio con 180 ml di acqua, quindi suddividere il composto in palline della grandezza di un pugno. Stendere le palline una ad una in uno spessore molto sottile e appoggiare le sfoglie su delle placche rivestite di carta da forno. Infornare per 10 minuti o fino a quando i crackers diventano croccanti e dorati. Lasciarli raffreddare un poco e spezzettarli. Cospargerli di sale. Servirli con feta e il Dip alla barbabietola.

RAVANELLI CON BURRO AL MISO

Preparazione: 5 minuti

per 4 persone

Un mazzetto di ravanelli tagliati a metà,
i gambi cimati fino a un'altezza di 4 cm
1 cucchiaio di pasta di miso bianco
1 cucchiaio di burro a temperatura ambiente
1 cucchiaio di succo di limone

ricetta

In una ciotola unire miso, burro e succo di limone fino a quando sono ben amalgamati.
Disporre i ravanelli su un piatto da portata e depositare una cucchiaiata di burro al miso su ciascun ravanello.

SANDWICH THAI APERTI AI CETRIOLI

Preparazione: 15 minuti

per 2 persone

1 piccolo cetriolo (circa 85 g),
tagliato a fettine sottili con la mandolina
30 g di arachidi al naturale arrostite e frantumate
2 fette di pane per sandwich morbido bianco,
tagliate a metà e private dei bordi
2 uova, sbollentate per 5 minuti, lasciate raffreddare e sgusciate
1 cucchiaio di Olio ai peperoncini verdi (pagina 14)
2 cucchiaini di aceto di riso
⅛ di cucchiaino di sale, più un altro po' da spargere
sopra ai sandwich

ricetta

In una ciotola emulsionare olio, aceto e sale. Aggiungere le fettine di cetriolo e rivestirle uniformemente del condimento. Disporre i 4 pezzi di pane sul piano di lavoro, ricoprirli di file ordinate fettine di cetriolo e cospargere il tutto di arachidi. Facendo attenzione, tagliare a metà le uova e deporle sui sandwich. Distribuire un'altra presa di sale su ogni sandwich e servire.

CRUDITÉS CON DRESSING ALL'AGLIO

Preparazione: 15 minuti
Cottura: 30 minuti

per 4 persone

145 g di barbabietole baby
140 g di ravanelli tagliati a fettine
275 g di asparagi, i gambi spuntati
85 g di taccole cimate
80 g di pomodori ciliegini tagliati a metà
3 uova bio
1 quantitativo di Dressing all'aglio arrostito (pagina 14)

ricetta

Lessare la barbabietola fino a quando risulta tenera e bollire le uova fino a rassodarle appena.
Sbollentare gli asparagi e le taccole in una pentola di acqua salata fino a farli diventare di un verde brillante senza che abbiano perso la loro consistenza croccante.
Disporre gli asparagi, le taccole, i ravanelli e i pomodori su un piatto da portata.
Spellare e tagliare a metà la barbabietola e sgusciare e tagliare a metà le uova. Condirle bene. Servire con il Dressing all'aglio arrostito.

TARTINE DI CAESAR SALAD

Preparazione: 10 minuti
Cottura: 10 minuti

per 4 persone

4 fette di pane a lievitazione naturale dello spessore di 5 mm, infornate a 200°C fino a quando diventano croccanti e poi spezzate a metà
90 g di halloumi, affettato in 8 pezzi, fritto fino a indorare
4 cucchiai di Dressing all'aglio arrostito (pagina 14)
1 foglia di insalata Romanella strappata in 8 pezzi
20 g di formaggio tipo Parmigiano, grattugiato
½ limone tagliato a spicchi, per servire

ricetta

Spalmare sul pane uno strato di dressing, tenendone un po' da parte.
Appoggiarvi un pezzo di lattuga e un quadretto di halloumi, seguito da una cucchiaiatina del dressing.
Completare con uno strato di parmigiano grattugiato. Ripetere fino a esaurimento degli ingredienti.
Salare. Servire accompagnato da spicchi di limone.

CIALDE DI PARMIGIANO CON TABASCO

Preparazione: 5 minuti
Cottura: 5 minuti

per 4 persone

100 g di formaggio tipo Parmigiano, finemente grattugiato

1 bottiglietta da 60 ml di salsa Tabasco, per servire

2 cucchiai di semi di lino

2 cucchiai di semi di finocchio appena tostati

6 ramoscelli di timo, solo le foglie, sminuzzate

ricetta

Preriscaldare il forno a 250°C. Rivestire una leccarda di carta da forno.
In una ciotola unire parmigiano, semi di lino, semi di finocchio e foglie di timo.
Spargere la miscela sulla carta da forno formando uno strato uniforme e regolare,
e infornare per 5 minuti o sino a quando il formaggio diventa dorato e croccante.
Lasciare raffreddare e spezzettarlo. Salare e servire con la salsa Tabasco.

BARBABIETOLA BABY HASSELBACK CON FETA

Preparazione: 10 minuti
Cottura: 50–60 minuti

per 4 persone

8 barbabietole baby miste, golden e rosse, spazzolate, i gambi spuntati
10 rametti di timo, solo le foglie
150 g di Feta agli agrumi e aromi (pagina 54)
40 g di nocciole, tostate, spellate e spezzate grossolanamente
60 ml di olio d'oliva
1 cucchiaio di acqua di fiori d'arancio
1 cucchiaino di sale

ricetta

Preriscaldare il forno a 200°C. Tagliare il fondo di ciascuna barbabietola nel senso della lunghezza per ottenere una base di appoggio piatta. Collocare le barbabietole, con la parte tagliata rivolta verso il basso, su una leccarda rivestita di carta da forno e inciderle in profondità a intervalli di 5 mm (attenzione a non tagliarle da parte a parte). Emulsionare l'olio d'oliva, il timo e il sale e spennellarli sulle barbabietole e negli interstizi. Arrostirle per 50-60 minuti fino a quando saranno tenere, i bordi appena incroccantiti. Quando mancheranno 10 minuti al termine della cottura, cospargere le barbabietole di feta, giusto per farla ammorbidire. Guarnire con le nocciole e irrorare il tutto di acqua di fiori d'arancio.

FETA CON LE TACCOLE

Preparazione: 5 minuti
Cottura: 5 minuti

per 4 persone

230 g di feta danese tagliata a cubetti di 2 cm di lato
85 g di taccole sbollentate
2 cucchiai di semi di finocchio
2 cucchiai di olio d'oliva
Una manciatina di viticci delle taccole
Una manciatina di scalogni, possibilmente in fiore

ricetta

Spennellare il lato superiore di ogni cubetto di feta con un po' di olio d'oliva, quindi premervi sopra i semi di finocchio fino a farli penetrare nella feta, in modo che non si stacchino, sovrapponendo un viticcio. Scaldare l'olio rimanente a calore medio in una padella antiaderente. Friggere il formaggio, con la parte condita rivolta verso il basso, per 4 minuti, oppure fino a quando diventa dorato e accenna a fondere. Disporre i cubetti su un piatto da portata e servirli con le taccole e l'erba cipollina.

PILAF "INGIOIELLATO" CON TZATZIKI

Preparazione: 40 minuti

per 4 persone

8 foglie di insalata Romanella
90 g di riso integrale, lessato e raffreddato completamente
1 melagrana privata dei semi e messa da parte
2 cucchiai e mezzo di olio extravergine d'oliva,
più dell'altro per le foglie di Romanella
30 g di mandorle, tostate e spezzettate grossolanamente
4 cucchiai di Tzatziki di finocchi, menta e carvi (pagina 44)
½ cucchiaino di sale
Ramoscelli di menta per guarnire

ricetta

In una ciotola, unire il riso lessato, sale, semi di melagrana, olio d'oliva e mandorle. Rivestire leggermente di olio d'oliva le foglie di lattuga massaggiandole e versare su ognuna un po' della miscela a base di riso e lo Tzatziki di finocchi, menta e carvi. Prima di servire guarnire il tutto con la menta.

BOCCONCINI MEDIORIENTALI

Preparazione: 20 minuti

per 4 persone

1 pane arabo grande tagliato in 8 pezzi di forma irregolare
4 Chipolatas vegane (pagina 136), lessate e divise in 4 pezzi ciascuna
150 g di labneh
½ piccola cipolla rossa tagliata a dadini piccoli
1 cucchiaino della miscela di spezie ras el hanout, tostata a secco
Una manciata di foglie di menta sminuzzate
1 cucchiaio di melassa di melagrana

ricetta

Spalmare il labneh sul pane arabo. Cospargere di spezie, aggiungere 2 pezzi di chipolata. Sparpagliarvi sopra la cipolla, irrorare con la melassa e terminare con la menta.

SANDWICH DI MELANZANE

Preparazione: 35 minuti

per 6 persone

2 melanzane molto piccole, tagliate in 12 rondelle dello spessore di 2 cm, arrostite fino a diventare dorate su entrambi i lati
6 spesse fette di formaggio di capra
2 cucchiai e mezzo di Pesto (pagina 32), più dell'altro per servire
2 cucchiai e mezzo di Dressing all'aglio arrostito (pagina 14)
Il succo di 1 lime
Una manciatina di rucola, più dell'altra per servire

ricetta

Per assemblare il piatto, depositare una rondella di melanzana sulla superficie di lavoro, spalmarvi un cucchiaino di Dressing all'aglio arrostito, 1 cucchiaino di pesto e qualche foglia di rucola, irrorando il tutto con un piccolo quantitativo di succo di lime.
Ricoprire con un'altra rondella di melanzana. Ripetere con gli ingredienti rimasti.
Servire decorando la superficie con dell'altro pesto e la rucola.

ASPARAGI IN PINZIMONIO

Preparazione: 20 minuti
Cottura: 10 minuti

per 2 persone

10 asparagi
30 g di Dukkah delle feste (pagina 50)
1 albume leggermente montato a neve
1 quantitativo di Dip di cavolfiore con piselli al wasabi (pagina 38)

ricetta

Preriscaldare il forno a 220°C. Mettere l'albume e il dukkah in 2 piatti separati.
Passare gli asparagi uno ad uno prima nell'albume e poi nel dukkah in modo da rivestire completamente le punte.
Salare leggermente. Infornare gli asparagi impanati nel dukkah
in una leccarda rivestita di carta da forno per 10 minuti, fino a quando la punta
di un coltello penetrerà facilmente nell'asparago più grande e gli asparagi saranno dorati.
Lasciare raffreddare un poco. Servire con il Dip di cavolfiori con piselli al wasabi.

CETRIOLI GRIGLIATI CON FETA MONTATA

Preparazione: 15 minuti
Cottura: 10 minuti

per 4 persone

10 cetriolini tagliati a metà nel senso della lunghezza
250 g di Feta agli agrumi e aromi (pagina 54), scolata e sbriciolata
85 g di formaggio spalmabile
Un mazzetto di aneto, solo le foglie, tagliate grossolanamente
2 cucchiai di olio d'oliva
1 limone tagliato a metà e grigliato per 2-3 minuti
o fino a quando imbrunisce, per servire

ricetta

Mescolare feta, formaggio spalmabile e aneto in un robot da cucina e azionare la funzione a impulsi per 4–5 minuti, spingendo verso il basso con una spatola gli schizzi sulle pareti del contenitore, fino a quando la feta diventa liscia e cremosissima. Versare il composto in una ciotola. Spennellare delicatamente i cetrioli di olio e condirli con una presa di sale. Infornare i cetrioli, in più lotti se necessario, sotto il grill preriscaldato per 1-2 minuti per lato, fino a quando diventano leggermente morbidi e dorati su ogni lato. Servire con la feta montata e i limoni abbrustoliti.

LATKES AL FORNO

Preparazione: 5 minuti
Cottura: 60 minuti

per 4 persone

12 patate piccole, ad esempio della varietà Yukon Gold
½ piccola cipolla rossa a fettine sottili
20 g di capperi
70 g di panna acida
Olio d'oliva da irrorare sul piatto
Una manciatina di erba cipollina, cimata, per guarnire

129

ricetta

Preriscaldare il forno a 220°C. Lessare le patate fino a quando diventano tenere.
Scolarle e lasciarle raffreddare un poco. Con il palmo della mano, appiattirle fino a formare un disco dai bordi irregolari di circa 5 mm di spessore. Disporre le patate su una placca da forno abbondantemente oliata. Irrorare con dell'altro olio e salare.
Arrostirle per 30 minuti o fino a quando diventano croccanti e dorate.
Toglierle dal forno e ricoprirle di panna acida, cipolle e capperi. Guarnire con l'erba cipollina sminuzzata.

INSALATA DI PESCHE CON CROSTINI AL FORMAGGIO

Preparazione: 25 minuti

per 4 persone

8 fette di pane ricavate da una baguette
1 quantitativo di Insalata di pesche (pagina 20)
150 g di formaggio di capra, a temperatura ambiente
1 cucchiaio di latte
2 cucchiai di olio d'oliva

ricetta

Preriscaldare il forno a 190°C. Disporre le fette di pane su una placca da forno, irrorarle di olio d'oliva e arrostirle sul ripiano più alto del forno per circa 4 minuti. Toglierle dal forno, girarle e arrostirle per altri 4 minuti. Farle raffreddare completamente. Mettere il formaggio di capra in una ciotolina, aggiungere il latte e amalgamare bene. Spalmare un lato della baguette di mezzo cucchiaio di formaggio di capra, ricoprirlo con un cucchiaio colmo di salsa e salare a piacere.

NAAN ALL'AVOCADO

Preparazione: 10 minuti

per 6 persone

2 avocado
Il succo di 1 limone
80 ml di tahini leggero
½ melagrana privata dei semi
35 g di cocco a striscioline tostato
Un'abbondante manciata di foglie di coriandolo sminuzzate
1 naan

ricetta

Tostare il naan fino a quando si forma una crosticina dorata. Sbucciare l'avocado ed eliminare il nocciolo, poi schiacciare la polpa fino a ottenere una purea grossolana. Condire con sale e il succo di 1 limone. Con una frusta amalgamare il tahini e il succo dell'altro limone, poi, sempre utilizzando la frusta, incorporare 100 ml di acqua ghiacciata fino a quando si forma un liquido omogeneo. Spalmare la salsa tahini sul naan, seguita dagli altri ingredienti e, se desiderato, da una spruzzatina d'olio.

PIATTI VEGANI

Suscitate l'ammirazione dei vostri ospiti con questa eclettica varietà di finger food vegani ispirati alla cucina americana, afghana, messicana e giapponese. Scegliete se preparare pochi piatti da distribuire in giro o se imbandire un ricco buffet.

CHIPOLATAS VEGANE

Preparazione: 15 minuti
Cottura: 20 minuti

per 10–14 chipolatas

450 g di ceci lessati
250 g di funghi Portobello e champignon, indorati fritti
4 cipollotti (55 g), compresa la parte verde, sminuzzati e soffritti fino a diventare morbidi
60 g di farina di mandorle
4 cucchiai di amido di patate
3 cucchiai di salsa Worcester vegana
1 cucchiaino di polvere di achiote o una presa di peperoncino affumicato in polvere, mescolato a 2 cucchiaini d'acqua ottenendo una pasta liquida

ricetta

Preriscaldare il forno a 180°C. Versare tutti gli ingredienti in un robot da cucina e azionare la funzione a impulsi fino a ottenere un composto omogeneo ma non del tutto. Con le mani bagnate ricavare delle salsiccette utilizzando circa 1 cucchiaio e mezzo di composto per chipolata. Infornare per 20 minuti o fino a quando le chipolatas risultano dorate ma umide all'interno.

MARINATA DI TEMPEH

Preparazione: 10 minuti

per 600 g

600 g di tempeh, tagliato a cubetti di 4 cm
2 peperoncini rossi lunghi privati dei semi
6 spicchi d'aglio privati della tunica
500 ml di olio d'oliva
15 g di radice di zenzero, pelata e tagliata a pezzi irregolari
1 manciata di coriandolo
1 gambo di citronella

ricetta

Mettere tutti gli ingredienti, con l'eccezione del tempeh e dell'olio, in un robot da cucina e azionarlo per qualche secondo, abbastanza per ottenere un composto grossolano e irregolare. Unire la marinata al tempeh e versare il tutto in un capace barattolo di vetro sterilizzato. Versarvi l'olio d'oliva fino a coprire il contenuto, comprimere il tempeh per annegarlo completamente nell'olio e sigillare il barattolo chiudendolo con il tappo. Il barattolo si conserva in frigorifero fino a una settimana.

TACOS VEGETARIANI CON MAYO AL CHIPOTLE

Preparazione: 30 minuti

per 2 persone

100 g di broccoli, divisi in cimette grandi come un dito, salati e infornati a 200°C fino a quando i bordi si colorano appena
100 g di cavolfiore, diviso in cimette grandi come un dito, salate e infornate a 200°C fino a quando i bordi si colorano appena
100 g di Mayo vegana (pagina 15)
2 cucchiaini di chipotle in adobo schiacciato fino a formare una pasta
4 cucchiai di Guacamole speziato (pagina 48)
1 lime, tagliato in spicchi, per servire
10-12 patatine di mais tonde salate

ricetta

Incorporare la pasta di chipotle alla Mayo vegana fino ad amalgamarle bene.
Per confezionare i tacos, deporre una piccola cucchiaiata di Guacamole speziato sulle patatine e appoggiarvi un pezzo di cavolfiore e uno di broccolo, seguiti da una punta di mayo al chipotle.
Ripetere l'operazione fino a esaurire tutti gli ingredienti.
Servire con gli spicchi di lime, se graditi.

PIZZA AFGHANA

Preparazione: 10 minuti
Cottura: 10–15 minuti

per 4 persone

1 pane afghano (circa 350 g) o pane arabo non sottile, tagliato a metà in senso orizzontale
150 g di pomodori ciliegini a fettine
100 g di Ricotta di anacardi (pagina 18)
2 cucchiai di olio d'oliva, più un altro po'
1 cucchiaio di Dukkah delle feste (pagina 50)
Una manciata di foglie di menta

ricetta

Preriscaldare il forno a 200°C. Spalmare la Ricotta di anacardi sulle due metà di pane, dalla parte del lato interno; aggiungere i pomodori, l'olio d'oliva e salare. Infornare per 10-15 minuti fino a quando i bordi del pane risultano dorati. Irrorare con un altro po' di olio extravergine d'oliva e cospargere di dukkah e menta.

KAARAGE DI MELANZANE CON TEMPEH

Preparazione: 15 minuti, più 15 minuti di marinatura
Cottura: 10 minuti

per 4 persone

1 grossa melanzana tagliata a rondelle
dello spessore di 1 cm
25 g di pezzo di zenzero finemente grattugiato
e spremuto per ottenere il succo, scartare la polpa
150 g di farina di patate
500 ml di olio di crusca di riso o olio vegetale
80 g di Marinata di tempeh (pagina 138)
60 ml di tamari
2 cucchiai di mirin

ricetta

In una ciotola emulsionare tamari, mirin e succo di zenzero, quindi aggiungere la melanzana, mescolando bene in modo da rivestire uniformemente le rondelle. Marinare per 15 minuti. Versare la farina in una ciotola e lasciarvi cadere le rondelle di melanzana marinate, una alla volta, rigirandole per rivestirle di uno strato omogeneo, poi trasferirle su un piatto. Ripetere l'operazione con tutte le melanzane. Scaldare l'olio in un wok o una padella di grandi dimensioni, fino a una temperatura di 190°C. Scuotere via dalle melanzane la farina in eccesso e friggerle in olio abbondante per 2-3 minuti fino a indorarle su entrambi i lati. Trasferire le melanzane su una griglia metallica e lasciarle riposare per 30 secondi. Servire con Marinata di tempeh.

OLIVE MARINATE ALLA TOSCANA

Preparazione: 10 minuti
Marinatura: 7 giorni

per 4 persone

400 g di olive miste, ad esempio verdi, Kalamata e nere
1 cucchiaino di semi di finocchio
6 spicchi d'aglio schiacciati
1 cucchiaio e mezzo di semi di coriandolo
1 rametto di rosmarino
200 ml di olio d'oliva
La scorza di 1 arancia, tagliata a strisce piuttosto larghe

ricetta

Pestare leggermente i semi di coriandolo e di finocchio nel mortaio, conservandone alcuni interi.
In un pentolino mettere a scaldare l'aglio, il rosmarino e l'olio, solo fino a farlo diventare poco più che tiepido.
In un vasetto sterilizzato deporre a strati le olive, la scorza d'arancia e le spezie, poi versarvi l'olio caldo, compresi l'aglio e il rosmarino. Chiudere il tappo. Capovolgere il vasetto e lasciarlo in quella posizione per 5 minuti.
Capovolgerlo nuovamente. Lasciarlo per una settimana in frigorifero, capovolgendolo una volta al giorno.
Toglierlo dal frigorifero 1 ora prima di servire.

TOFU CON ARANCIA E NOCI MACADAMIA

Preparazione: 15 minuti

per 4 persone

8 foglie non troppo grandi di insalata trevisana o cicoria
1 arancia sanguinella o di Valencia, sbucciata, gli spicchi separati e tagliati a dadini
80 g di tofu di consistenza soda, tagliato a dadini, salato e fritto fino a dorarsi
60 ml di olio extravergine d'oliva, più dell'altro per l'indivia
2 cucchiai di aceto di lamponi o di aceto balsamico
20 g di noci macadamia, per metà spezzettate e per metà lasciate intere
Una manciatina di foglie di coriandolo, sminuzzate, più alcune lasciate intere per guarnire il piatto

ricetta

In una ciotola, mescolare arancia, tofu, noci di macadamia spezzettate con il coriandolo sminuzzato.
Emulsionare olio e aceto in un'altra ciotola e versare l'emulsione sul tofu.
Sfregare le foglie di insalata con un po' d'olio e con il cucchiaio versare il composto sulle foglie.
Grattugiare finemente le noci di macadamia intere sulla superficie e guarnire con le foglie di coriandolo.

BHAJI DI CAVOLFIORE

Preparazione: 30 minuti
Cottura: 10 minuti

per 6 persone

½ cavolfiore (circa 500 g), suddiviso in cimette e messo a bagno in acqua con 1 cucchiaino di sale per 30 minuti, quindi scolato e asciugato tamponandolo con uno strofinaccio
130 g di farina di gram (ceci)
700 ml di olio di semi di girasole
2 cucchiaini di semi di cumino
½ cucchiaino di lievito in polvere
1 cucchiaino di sale
1 quantitativo di Chutney di pomodori (pagina 28), per servire

ricetta

Preparare una pastella mescolando in una ciotola, con una frusta, la farina, il sale, il lievito, i semi di cumino e 125 ml di acqua. Scaldare l'olio in una padella o un wok di piccole dimensioni su una fiamma vivace. Verificare la temperatura lasciando cadere nell'olio un piccolo quantitativo di pastella: la temperatura è giusta quando la pastella risale subito in superficie. Immergere tutti i pezzi di cavolfiore nella pastella e friggerli un po' alla volta fino a quando diventano marroncino-dorati. Salarli generosamente e servirli accompagnati da Chutney di pomodori.

PANNOCCHIA ABBRUSTOLITA ALLA MESSICANA

Preparazione: 5 minuti
Cottura: 10 minuti

per 2 persone

1 pannocchia cotta, privata delle foglie
2 cucchiai di Mayo vegana (pagina 15)
¼ di cucchiaino di semi di finocchio appena tostati
Una presa di peperoncino
1 cucchiaino di pasta di miso bianco
1 cucchiaio di olio vegetale

ricetta

Scaldare una padella e spennellarla di olio. Quando la padella comincia a fumare, aggiungere la pannocchia e abbrustolirla su tutti i lati per circa 6 minuti.
Quando si sarà raffreddata abbastanza da poter essere toccata senza scottarsi, tagliarla in 8 fette.
Nel frattempo, mescolare il miso e la mayo vegana.
Distribuire piccole cucchiaiate di miscela al miso sulla superficie della pannocchia, poi cospargerla di semi di finocchio e peperoncino in polvere. Salare a piacere.

CECI CROCCANTI ALLA MESSICANA

Preparazione: 5 minuti
Cottura: 30 minuti

per 2 persone

400 g di ceci in barattolo, scolati e risciacquati
1 cucchiaio di olio d'oliva
1 cucchiaino di cumino in polvere
1 cucchiaino di foglie di coriandolo essiccate
½ cucchiaino di aglio in polvere
½ cucchiaino di sale
¼ di cucchiaino di paprica piccante

ricetta

Preriscaldare il forno a 200°C. Strofinare delicatamente i ceci tra due strofinacci per asciugarli il meglio possibile. Mescolarli all'olio d'oliva con il sale, distribuirli su una leccarda rivestita di carta da forno formando uno strato uniforme, senza sovrapporli, e infornarli per 20 minuti o fino a quando diventano dorati e croccanti. Mescolare i ceci una sola volta dieci minuti dopo averli infornati.
Spegnere il forno e con l'anta leggermente aperta lasciare i ceci all'interno ancora per un po', facendoli incroccantire ancora. Toglierli dal forno, mescolarli alle spezie e servirli caldi.

CHIPS DI PASTINACHE AL PESTO

Preparazione: 15 minuti
Cottura: 25 minuti

per 4 persone

500 g di pastinache, spazzolate e tagliate a fettine sottilissime
2 cucchiai di olio d'oliva
1 cucchiaino di sale
½ cucchiaino di paprica
1 quantitativo di Pesto (pagina 32)
Una manciatina di pinoli tostati, per decorare il piatto
Una manciatina di foglie di basilico, per decorare il piatto

ricetta

Preriscaldare il forno a 190°C. Condire i chips di pastinache con olio d'oliva, sale e paprica. Infornarli su una leccarda rivestita di carta da forno per 25 minuti o fino a quando diventano bruno-dorati, girandoli a metà cottura. Toglierli dal forno, decorarli con il basilico e i pinoli e servirli insieme al pesto.

BOCCONCINI DI ZUCCA ALL'ACERO CON DUKKAH

Preparazione: 10 minuti
Cottura: 40 minuti

per 4 persone

450 g di zucca butternut
50 g di Ricotta di anacardi (pagina 18)
1 cucchiaio di sciroppo d'acero
1 cucchiaio di olio di cocco
1 cucchiaio di Dukkah delle feste (pagina 50)
Una manciata di foglie di coriandolo sminuzzate
¼ di cucchiaino di sale

ricetta

Preriscaldare il forno a 220°C. Tagliare la zucca a cubetti non troppo grossi, lasciando intatti buccia e semi; disporre i pezzi su una placca da forno con la parte della buccia rivolta verso il basso.
Irrorarli di olio, sciroppo d'acero e sale e arrostirli per 40 minuti o fino a quando si saranno ammorbiditi e leggermente abbrustoliti. Lasciarli raffreddare un poco.
Guarnirli con una cucchiaiata di Ricotta di anacardi e una presa di dukkah e coriandolo.

CHICCHE DI FRUTTA SECCA

Preparazione: 10 minuti

per 4 persone

2 mele Granny Smith
60 g di burro di noci pecan o di mandorle
3 cucchiai di semi di zucca tagliuzzati
6 albicocche disidratate a dadini
2 cucchiai di semi di girasole frantumati

ricetta

Tagliare le mele a rondelle dello spessore di 1 cm ed eliminare i semi.
Su ogni rondella depositare una cucchiaiata di burro seguito dalle albicocche, i semi di zucca e i semi di girasole.

CHUTNEY DI POMODORI CON LENTICCHIE

Preparazione: 10 minuti

per 4 persone

100 g di lenticchie verdi lessate
1 quantitativo di Chutney di pomodori (pagina 28)
40 g di yogurt al cocco
¼ di un piccolo cetriolo tagliato a dadini
Una manciatina di mini pappadum, fritti fino a diventare croccanti
Una manciatina di rametti di menta

ricetta

In una ciotola mescolare le lenticchie e il Chutney di pomodori, quindi distribuire il composto sui pappadum fritti. Da ultimo aggiungere una puntina di yogurt al cocco, cospargere la superficie con la dadolata di cetriolo e guarnire con i rametti di menta.

TAPENADE DI CARCIOFI

Preparazione: 5 minuti

per 4 persone

150 g di Cuori di carciofo marinati (pagina 176)
65 g di Salsa romesco (pagina 34)
15 g di pistacchi frantumati ma non troppo
Crackers ai semi di finocchio (pagina 102)

ricetta

Togliere i carciofi dalla marinata e mettere da parte alcune strisce di scorza.
Con un robot da cucina, utilizzando la funzione a impulsi,
ridurre i carciofi e 2 cucchiai d'olio (prelevati dal vasetto) in una purea non perfettamente omogenea.
Con il cucchiaio distribuire la purea sui crackers. Tagliare la scorza a strisce sottilissime.
Cospargere la purea con le noci frantumate e le striscioline di scorza e salare.

LARB GAI DI TEMPEH

Preparazione: 10 minuti
Cottura: 6 minuti

per 6 persone

400 g di Marinata di tempeh (pagina 138), grattugiato a grana grossa, più 3 cucchiai di olio della marinata, compresi i pezzi di peperoncino e gli aromi
4 foglie di insalata iceberg, divisi con le mani in pezzi irregolari di media grandezza
1 piccola cipolla rossa a fettine sottili
Un mazzetto di menta, solo le foglie, più altra menta per decorare il piatto
1 cucchiaino di zucchero di palma di cocco molto fine
La scorza finemente grattugiata e il succo spremuto di 1 lime
½ cucchiaino di sale

ricetta

Scaldare l'olio della marinata in una padella a fiamma medio-alta e friggere il tempeh per 6 minuti o fino a quando diventa dorato e croccante. Togliere la padella dal fuoco e incorporare cipolla, zucchero, menta, sale, scorza e succo di lime. Lasciare raffreddare per un minuto e quindi distribuire il composto sui pezzi di insalata. Guarnire con la menta rimasta.

INVOLTINI DI CARTA DI RISO

Preparazione: 15 minuti
Cottura: 3 minuti

per 4 persone

8 fogli circolari di carta di riso
130 g di carote tagliate in bastoncini sottili
200 g di Marinata di tempeh (pagina 138), tagliato a fette
e fritto fino a diventare dorato
16 foglie grandi di basilico, più alcuni rametti per decorare il piatto
Il succo di 1 lime
2 cucchiai di burro di arachidi con pezzi
1 cucchiaino di sambal oelek

ricetta

Per la salsa di arachidi, emulsionare bene succo di lime, burro di arachidi, sambal oelek insieme a 2 cucchiai d'acqua. Immergere un foglio di carta di riso in una ciotola di acqua calda fino a quando si ammorbidisce, circa 15 secondi. Deporlo sulla superficie di lavoro e porre 2 foglie di basilico al centro, sovrapposte, quindi aggiungere la carota e il tempeh. Ripiegare una delle estremità e arrotolare la carta formando un involtino stretto, con il ripieno contenuto saldamente all'interno, e qualche ciuffo che sporge ai lati. Se la salsa si addensa, diluirla con l'aggiunta di un po' d'acqua. Guarnire con i rametti di basilico.

POLPETTINE DI RISO DA SUSHI

Preparazione: 5 minuti
Cottura: 40 minuti

Per 4 persone

400 g di riso da sushi
35 g di semi di sesamo tostati
6 prugne umeboshi a fettine sottili
18 g di zenzero sottaceto a fettine sottili
Matcha (tè verde) in polvere, a piacere
15 ml di aceto di riso per sushi

ricetta

Preparare il riso da sushi seguendo le istruzioni riportate sulla confezione e condirlo con l'aceto. Con le mani bagnate, formare delle polpettine grandi all'incirca come un uovo di piccole dimensioni. Passare le polpettine nei semi di sesamo, insaporirle con il matcha oppure con lo zenzero e la prugna umeboshi. Salare prima di servire.

CAPRESE IMPILATA

Preparazione: 10 minuti

per 4 persone

4–5 pomodori Beefsteak grossi, privati delle estremità, tagliati a fette spesse (si devono ricavare in totale 16 fette), salati
1 quantitativo di Ricotta di anacardi (pagina 18), divisa in 16 pezzi ricavando delle palline
25 g di semi di sesamo nero
16 foglie di basilico, più gli steli per decorare il piatto
Il succo e la scorza grattugiata di 1 limone
1 cucchiaino di miso bianco

ricetta

In una ciotola, mescolare miso, scorza e succo di limone. Metterli da parte. In un'altra ciotola versare i semi di sesamo, passandoci le sferette di ricotta in modo da farvi aderire i semi. Per assemblare la pila utilizzare come base una fetta di pomodoro, deporvi una sferetta di ricotta schiacciandola leggermente, seguita da una foglia di basilico. Ripetere la successione formando altri strati fino a esaurire tutti gli ingredienti, per un totale di 8 pile. Salare a piacere, guarnire con dell'altro basilico e servire accompagnato dal condimento al miso.

CAVOLFIORE AL PIRI PIRI CON MAYO AL LIME

Preparazione: 5 minuti
Cottura: 20 minuti

per 4 persone

1 cavolfiore di medie dimensioni diviso in cimette
250 g di Mayo vegana (pagina 15)
2 cucchiaini di miscela di spezie piri piri
4 cucchiai di olio vegetale
1 cucchiaino di sale
La scorza finemente grattugiata di 1 lime
1 cucchiaino di succo di lime
Una manciata di foglie di coriandolo

175

ricetta

Preriscaldare il forno a 180°C. Condire il cavolfiore con sale, olio e piri piri, rivestendo uniformemente le cimette, e quindi disporle su una placca da forno.
Infornare per 20 minuti o fino a quando il cavolfiore diventa dorato e morbido internamente.
Lasciarlo raffreddare leggermente, poi cospargerlo di coriandolo.
Incorporare la scorza di lime alla Mayo vegana e servirla come accompagnamento.

CUORI DI CARCIOFO MARINATI

Preparazione: 10 minuti

per 4 persone

330 g di cuori di carciofo interi
250 ml di olio extravergine d'oliva
6 grani di pepe nero
Il succo e la scorza di 1 limone tagliata a strisce larghe
La scorza di 1 arancia tagliata a strisce larghe
1 foglia d'alloro
1 cucchiaino di semi di finocchio appena tostati

ricetta

Porre la foglia d’alloro, la scorza del limone e dell’arancia all’interno di un barattolo di vetro sterilizzato e quindi, a strati, i cuori di carciofo, i grani di pepe e i semi di finocchio. Coprire di olio d’oliva e spremerci sopra il succo del limone. Comprimere il contenuto verso il fondo in modo che i carciofi siano completamente sommersi. Chiudere ermeticamente il tappo e tenere in frigorifero per un massimo di 6 mesi.

PIZZE DI PORTOBELLO

Preparazione: 20 minuti
Cottura: 30 minuti

per 4 persone

8 piccoli funghi Portobello privati dei gambi
4 spicchi d'aglio schiacciati
4 cucchiai di olio d'oliva
50 g di Ricotta di anacardi (pagina 18), riposta nel congelatore per 20 minuti
8 cucchiai di Chutney di pomodori (pagina 28)
Una manciatina di foglie di basilico spezzettate
½ cucchiaino di sale

ricetta

Preriscaldare il forno a 200°C. Disporre i funghi su una leccarda rivestita di carta da forno. In una ciotola, mescolare aglio, olio e sale, quindi versarli sui funghi. Aiutandosi con le mani, far aderire uniformemente il condimento ai funghi. Infornare per 20 minuti, estrarre la placca dal forno e distribuire il Chutney di pomodori sulle cappelle dei funghi, cospargere una grattata di Ricotta di anacardi e rimettere la placca in forno per altri 10 minuti o fino a quando i funghi diventano dorati. Guarnire con basilico e salare a piacere.

LANCE DI MANGO AL LIME E PEPERONCINO

Preparazione: 5 minuti

per 4 persone

3 mango maturi, sbucciati, privati del nocciolo e tagliati in grossi spicchi
Il succo di 1 lime
Sale a piacere
Peperoncino in polvere a piacere

ricetta

Spennellare le fette di mango con il succo del lime, poi cospargerle di peperoncino in polvere e sale. Servirle con un lime diviso a metà.

CAPONATA DI MELANZANE ASIAN STYLE

Preparazione: 10 minuti
Cottura: 40 minuti

per 4 persone

1 melanzana di medie dimensioni, tagliata in bastoncini dello spessore di 1 cm
1 cipolla rossa tagliata a dadini
5 cm di radice di zenzero, sbucciata e grattugiata
La scorza grattugiata e il succo di 2 lime
Un mazzetto abbondante di foglie di coriandolo spezzettate, più qualche stelo per decorare
1 cucchiaio di tamari
1 cucchiaio di olio d'oliva
Crackers per servire

ricetta

Scaldare l'olio d'oliva in una padella e soffriggere la cipolla per 10 minuti
o fino a quando si ammorbidiscono diventando trasparenti.
Aggiungere la melanzana e lo zenzero e cuocere a fuoco lento, la pentola incoperchiata,
fino a quando la melanzana diventa molto morbida, circa 30 minuti.
Aggiungere una spruzzata d'acqua ogni 5 minuti circa
per impedire che il contenuto si attacchi sul fondo.
Togliere la padella dal fuoco e versarvi il succo di lime e la scorza, il coriandolo spezzettato e il tamari.
Salare. Distribuire il composto sui crackers con un cucchiaio e cospargerlo di coriandolo.

"PIZZA" DI ANGURIA

Preparazione: 10 minuti

per 4 persone

1 piccola anguria tagliata a fette circolari spesse 2 cm, tagliate in quarti
20 ml di olio d'oliva
2 cetriolini tagliati a fettine
Una manciata di fiori commestibili, ad esempio quelli dei broccoli
Una manciatina di ramoscelli di menta, solo le foglie
Un sale aromatizzato a scelta

ricetta

Spennellare la superficie delle fette di anguria con l'olio d'oliva.
Cospargerle di fettine di cetriolo, fiori e foglie di menta.
Salare a piacere e tagliare in quattro parti.

"CROSTINI" DI PATATE DOLCI

Preparazione: 10 minuti
Cottura: 30 minuti

per 4 persone

195 g di lenticchie Puy lessate (peso a crudo 110 g)
1 patata dolce con la buccia tagliata a fette spesse 1,5 cm
2 avocado, sbucciati, privati del nocciolo e tagliati a cubetti irregolari
50 g di semi di zucca essiccati e salati
Una manciatina di prezzemolo, solo le foglie, sminuzzate
1 cucchiaio di olio d'oliva, più il necessario per ungere

ricetta

Preriscaldare il forno a 200°C. Disporre le rondelle di patata dolce su una placca da forno leggermente oliata in modo che non si sovrappongano e salarle generosamente. Infornarle per 30 minuti fino a quando la parte bassa risulterà scurita. Lasciarle raffreddare leggermente. Nel frattempo, in una ciotola, unire gli altri ingredienti e mescolarli bene. Distribuire il composto così ottenuto sulle patate a fette.

INVOLTINO CRUDISTA

Preparazione: 5 minuti

per 4 persone

Una generosa manciata di senape indiana o misticanza saporita,
privata delle estremità coriacee
1 cetriolo
La scorza e il succo di 1 lime
30 g di arachidi tostate salate, a pezzettini
20 g di zenzero sottaceto affettato sottilissimo

ricetta

Mescolare l'insalata con il succo e la scorza di limone, le arachidi e lo zenzero sottaceto. Con un pelaverdure, affettare sottilmente il cetriolo per il lungo. Tagliare molto finemente il resto del cetriolo e mescolarlo all'insalata. Con le mani raccogliere un quantitativo di insalata non più grande di un boccone e avvolgerlo morbidamente in una striscia di cetriolo. Ripetere. Servire immediatamente.

INDICE

RINGRAZIAMENTI

Grazie a Catie, Kathy, Frances, Bea e Michelle
per avere nutrito questo libro in tutti i punti giusti.

Coordinamento editoriale: Catie Ziller
Autore: Jessica Oldfield
Le ricette delle pagine: 64, 76, 100, 108, 116, 128, 132, 160, 162, 164, 170, 180, 182, 184 e 188 sono di Frances Boswell
Fotografie: Beatriz Da Costa
Design: Michelle Tilly
Editor: Kathy Steer

Traduzione dall'inglese di Daniela Magnoni

ISBN: 978-886722-297-1
Stampato in Cina, presso Toppan Leefung